CARNET

DE

MOTS DE PASSE

A

Appareil / Site internet :

Adresse mail :

Mot de passe :

Question secrète / mail de
récupération / téléphone :

Appareil / Site internet :

Adresse mail :

Mot de passe :

Question secrète / mail de
récupération / téléphone :

A

Appareil / Site internet :

Adresse mail :

Mot de passe :

Question secrète / mail de
récupération / téléphone :

Appareil / Site internet :

Adresse mail :

Mot de passe :

Question secrète / mail de
récupération / téléphone :

A

Appareil / Site internet :

Adresse mail :

Mot de passe :

Question secrète / mail de
récupération / téléphone :

Appareil / Site internet :

Adresse mail :

Mot de passe :

Question secrète / mail de
récupération / téléphone :

A

Appareil / Site internet :

Adresse mail :

Mot de passe :

Question secrète / mail de
récupération / téléphone :

Appareil / Site internet :

Adresse mail :

Mot de passe :

Question secrète / mail de
récupération / téléphone :

A

Appareil / Site internet :

Adresse mail :

Mot de passe :

Question secrète / mail de
récupération / téléphone :

Appareil / Site internet :

Adresse mail :

Mot de passe :

Question secrète / mail de
récupération / téléphone :

B

Appareil / Site internet :

Adresse mail :

Mot de passe :

Question secrète / mail de
récupération / téléphone :

Appareil / Site internet :

Adresse mail :

Mot de passe :

Question secrète / mail de
récupération / téléphone :

B

Appareil / Site internet :

Adresse mail :

Mot de passe :

Question secrète / mail de
récupération / téléphone :

Appareil / Site internet :

Adresse mail :

Mot de passe :

Question secrète / mail de
récupération / téléphone :

B

Appareil / Site internet :

Adresse mail :

Mot de passe :

Question secrète / mail de
récupération / téléphone :

Appareil / Site internet :

Adresse mail :

Mot de passe :

Question secrète / mail de
récupération / téléphone :

B

Appareil / Site internet :

Adresse mail :

Mot de passe :

Question secrète / mail de
récupération / téléphone :

Appareil / Site internet :

Adresse mail :

Mot de passe :

Question secrète / mail de
récupération / téléphone :

B

Appareil / Site internet :

Adresse mail :

Mot de passe :

Question secrète / mail de
récupération / téléphone :

Appareil / Site internet :

Adresse mail :

Mot de passe :

Question secrète / mail de
récupération / téléphone :

B

Appareil / Site internet :

Adresse mail :

Mot de passe :

Question secrète / mail de
récupération / téléphone :

Appareil / Site internet :

Adresse mail :

Mot de passe :

Question secrète / mail de
récupération / téléphone :

C

Appareil / Site internet :

Adresse mail :

Mot de passe :

Question secrète / mail de
récupération / téléphone :

Appareil / Site internet :

Adresse mail :

Mot de passe :

Question secrète / mail de
récupération / téléphone :

C

Appareil / Site internet :

Adresse mail :

Mot de passe :

Question secrète / mail de
récupération / téléphone :

Appareil / Site internet :

Adresse mail :

Mot de passe :

Question secrète / mail de
récupération / téléphone :

C

Appareil / Site internet :

Adresse mail :

Mot de passe :

Question secrète / mail de
récupération / téléphone :

Appareil / Site internet :

Adresse mail :

Mot de passe :

Question secrète / mail de
récupération / téléphone :

C

Appareil / Site internet :

Adresse mail :

Mot de passe :

Question secrète / mail de
récupération / téléphone :

Appareil / Site internet :

Adresse mail :

Mot de passe :

Question secrète / mail de
récupération / téléphone :

C

Appareil / Site internet :

Adresse mail :

Mot de passe :

Question secrète / mail de récupération / téléphone :

Appareil / Site internet :

Adresse mail :

Mot de passe :

Question secrète / mail de récupération / téléphone :

C

Appareil / Site internet :

Adresse mail :

Mot de passe :

Question secrète / mail de
récupération / téléphone :

Appareil / Site internet :

Adresse mail :

Mot de passe :

Question secrète / mail de
récupération / téléphone :

D

Appareil / Site internet :

Adresse mail :

Mot de passe :

Question secrète / mail de
récupération / téléphone :

Appareil / Site internet :

Adresse mail :

Mot de passe :

Question secrète / mail de
récupération / téléphone :

D

Appareil / Site internet :

Adresse mail :

Mot de passe :

Question secrète / mail de
récupération / téléphone :

Appareil / Site internet :

Adresse mail :

Mot de passe :

Question secrète / mail de
récupération / téléphone :

D

Appareil / Site internet :

Adresse mail :

Mot de passe :

Question secrète / mail de
récupération / téléphone :

Appareil / Site internet :

Adresse mail :

Mot de passe :

Question secrète / mail de
récupération / téléphone :

D

Appareil / Site internet :

Adresse mail :

Mot de passe :

Question secrète / mail de
récupération / téléphone :

Appareil / Site internet :

Adresse mail :

Mot de passe :

Question secrète / mail de
récupération / téléphone :

D

Appareil / Site internet :

Adresse mail :

Mot de passe :

Question secrète / mail de
récupération / téléphone :

Appareil / Site internet :

Adresse mail :

Mot de passe :

Question secrète / mail de
récupération / téléphone :

E

Appareil / Site internet :

Adresse mail :

Mot de passe :

Question secrète / mail de
récupération / téléphone :

Appareil / Site internet :

Adresse mail :

Mot de passe :

Question secrète / mail de
récupération / téléphone :

E

Appareil / Site internet :

Adresse mail :

Mot de passe :

Question secrète / mail de
récupération / téléphone :

Appareil / Site internet :

Adresse mail :

Mot de passe :

Question secrète / mail de
récupération / téléphone :

E

Appareil / Site internet :

Adresse mail :

Mot de passe :

Question secrète / mail de
récupération / téléphone :

Appareil / Site internet :

Adresse mail :

Mot de passe :

Question secrète / mail de
récupération / téléphone :

E

Appareil / Site internet :

Adresse mail :

Mot de passe :

Question secrète / mail de
récupération / téléphone :

Appareil / Site internet :

Adresse mail :

Mot de passe :

Question secrète / mail de
récupération / téléphone :

E

Appareil / Site internet :

Adresse mail :

Mot de passe :

Question secrète / mail de
récupération / téléphone :

Appareil / Site internet :

Adresse mail :

Mot de passe :

Question secrète / mail de
récupération / téléphone :

F

Appareil / Site internet :

Adresse mail :

Mot de passe :

Question secrète / mail de
récupération / téléphone :

Appareil / Site internet :

Adresse mail :

Mot de passe :

Question secrète / mail de
récupération / téléphone :

F

Appareil / Site internet :

Adresse mail :

Mot de passe :

Question secrète / mail de
récupération / téléphone :

Appareil / Site internet :

Adresse mail :

Mot de passe :

Question secrète / mail de
récupération / téléphone :

F

Appareil / Site internet :

Adresse mail :

Mot de passe :

Question secrète / mail de
récupération / téléphone :

Appareil / Site internet :

Adresse mail :

Mot de passe :

Question secrète / mail de
récupération / téléphone :

F

Appareil / Site internet :

Adresse mail :

Mot de passe :

Question secrète / mail de
récupération / téléphone :

Appareil / Site internet :

Adresse mail :

Mot de passe :

Question secrète / mail de
récupération / téléphone :

F

Appareil / Site internet :

Adresse mail :

Mot de passe :

Question secrète / mail de
récupération / téléphone :

Appareil / Site internet :

Adresse mail :

Mot de passe :

Question secrète / mail de
récupération / téléphone :

G

Appareil / Site internet :

Adresse mail :

Mot de passe :

Question secrète / mail de
récupération / téléphone :

Appareil / Site internet :

Adresse mail :

Mot de passe :

Question secrète / mail de
récupération / téléphone :

G

Appareil / Site internet :

Adresse mail :

Mot de passe :

Question secrète / mail de
récupération / téléphone :

Appareil / Site internet :

Adresse mail :

Mot de passe :

Question secrète / mail de
récupération / téléphone :

G

Appareil / Site internet :

Adresse mail :

Mot de passe :

Question secrète / mail de
récupération / téléphone :

Appareil / Site internet :

Adresse mail :

Mot de passe :

Question secrète / mail de
récupération / téléphone :

G

Appareil / Site internet :

Adresse mail :

Mot de passe :

Question secrète / mail de
récupération / téléphone :

Appareil / Site internet :

Adresse mail :

Mot de passe :

Question secrète / mail de
récupération / téléphone :

G

Appareil / Site internet :

Adresse mail :

Mot de passe :

Question secrète / mail de
récupération / téléphone :

Appareil / Site internet :

Adresse mail :

Mot de passe :

Question secrète / mail de
récupération / téléphone :

H

Appareil / Site internet :

Adresse mail :

Mot de passe :

Question secrète / mail de
récupération / téléphone :

Appareil / Site internet :

Adresse mail :

Mot de passe :

Question secrète / mail de
récupération / téléphone :

H

Appareil / Site internet :

Adresse mail :

Mot de passe :

Question secrète / mail de
récupération / téléphone :

Appareil / Site internet :

Adresse mail :

Mot de passe :

Question secrète / mail de
récupération / téléphone :

H

Appareil / Site internet :

Adresse mail :

Mot de passe :

Question secrète / mail de
récupération / téléphone :

Appareil / Site internet :

Adresse mail :

Mot de passe :

Question secrète / mail de
récupération / téléphone :

H

Appareil / Site internet :

Adresse mail :

Mot de passe :

Question secrète / mail de
récupération / téléphone :

Appareil / Site internet :

Adresse mail :

Mot de passe :

Question secrète / mail de
récupération / téléphone :

H

Appareil / Site internet :

Adresse mail :

Mot de passe :

Question secrète / mail de
récupération / téléphone :

Appareil / Site internet :

Adresse mail :

Mot de passe :

Question secrète / mail de
récupération / téléphone :

I

Appareil / Site internet :

Adresse mail :

Mot de passe :

Question secrète / mail de
récupération / téléphone :

Appareil / Site internet :

Adresse mail :

Mot de passe :

Question secrète / mail de
récupération / téléphone :

I

Appareil / Site internet :

Adresse mail :

Mot de passe :

Question secrète / mail de
récupération / téléphone :

Appareil / Site internet :

Adresse mail :

Mot de passe :

Question secrète / mail de
récupération / téléphone :

I

Appareil / Site internet :

Adresse mail :

Mot de passe :

Question secrète / mail de
récupération / téléphone :

Appareil / Site internet :

Adresse mail :

Mot de passe :

Question secrète / mail de
récupération / téléphone :

I

Appareil / Site internet :

Adresse mail :

Mot de passe :

Question secrète / mail de
récupération / téléphone :

Appareil / Site internet :

Adresse mail :

Mot de passe :

Question secrète / mail de
récupération / téléphone :

I

Appareil / Site internet :

Adresse mail :

Mot de passe :

Question secrète / mail de
récupération / téléphone :

Appareil / Site internet :

Adresse mail :

Mot de passe :

Question secrète / mail de
récupération / téléphone :

J

Appareil / Site internet :

Adresse mail :

Mot de passe :

Question secrète / mail de
récupération / téléphone :

Appareil / Site internet :

Adresse mail :

Mot de passe :

Question secrète / mail de
récupération / téléphone :

J

Appareil / Site internet :

Adresse mail :

Mot de passe :

Question secrète / mail de
récupération / téléphone :

Appareil / Site internet :

Adresse mail :

Mot de passe :

Question secrète / mail de
récupération / téléphone :

J

Appareil / Site internet :

Adresse mail :

Mot de passe :

Question secrète / mail de
récupération / téléphone :

Appareil / Site internet :

Adresse mail :

Mot de passe :

Question secrète / mail de
récupération / téléphone :

J

Appareil / Site internet :

Adresse mail :

Mot de passe :

Question secrète / mail de
récupération / téléphone :

Appareil / Site internet :

Adresse mail :

Mot de passe :

Question secrète / mail de
récupération / téléphone :

J

Appareil / Site internet :

Adresse mail :

Mot de passe :

Question secrète / mail de
récupération / téléphone :

Appareil / Site internet :

Adresse mail :

Mot de passe :

Question secrète / mail de
récupération / téléphone :

K

Appareil / Site internet :

Adresse mail :

Mot de passe :

Question secrète / mail de
récupération / téléphone :

Appareil / Site internet :

Adresse mail :

Mot de passe :

Question secrète / mail de
récupération / téléphone :

K

Appareil / Site internet :

Adresse mail :

Mot de passe :

Question secrète / mail de
récupération / téléphone :

Appareil / Site internet :

Adresse mail :

Mot de passe :

Question secrète / mail de
récupération / téléphone :

K

Appareil / Site internet :

Adresse mail :

Mot de passe :

Question secrète / mail de
récupération / téléphone :

Appareil / Site internet :

Adresse mail :

Mot de passe :

Question secrète / mail de
récupération / téléphone :

K

Appareil / Site internet :

Adresse mail :

Mot de passe :

Question secrète / mail de
récupération / téléphone :

Appareil / Site internet :

Adresse mail :

Mot de passe :

Question secrète / mail de
récupération / téléphone :

K

Appareil / Site internet :

Adresse mail :

Mot de passe :

Question secrète / mail de
récupération / téléphone :

Appareil / Site internet :

Adresse mail :

Mot de passe :

Question secrète / mail de
récupération / téléphone :

L

Appareil / Site internet :

Adresse mail :

Mot de passe :

Question secrète / mail de
récupération / téléphone :

Appareil / Site internet :

Adresse mail :

Mot de passe :

Question secrète / mail de
récupération / téléphone :

L

Appareil / Site internet :

Adresse mail :

Mot de passe :

Question secrète / mail de
récupération / téléphone :

Appareil / Site internet :

Adresse mail :

Mot de passe :

Question secrète / mail de
récupération / téléphone :

L

Appareil / Site internet :

Adresse mail :

Mot de passe :

Question secrète / mail de
récupération / téléphone :

Appareil / Site internet :

Adresse mail :

Mot de passe :

Question secrète / mail de
récupération / téléphone :

L

Appareil / Site internet :

Adresse mail :

Mot de passe :

Question secrète / mail de
récupération / téléphone :

Appareil / Site internet :

Adresse mail :

Mot de passe :

Question secrète / mail de
récupération / téléphone :

L

Appareil / Site internet :

Adresse mail :

Mot de passe :

Question secrète / mail de
récupération / téléphone :

Appareil / Site internet :

Adresse mail :

Mot de passe :

Question secrète / mail de
récupération / téléphone :

M

Appareil / Site internet :

Adresse mail :

Mot de passe :

Question secrète / mail de
récupération / téléphone :

Appareil / Site internet :

Adresse mail :

Mot de passe :

Question secrète / mail de
récupération / téléphone :

M

Appareil / Site internet :

Adresse mail :

Mot de passe :

Question secrète / mail de
récupération / téléphone :

Appareil / Site internet :

Adresse mail :

Mot de passe :

Question secrète / mail de
récupération / téléphone :

M

Appareil / Site internet :

Adresse mail :

Mot de passe :

Question secrète / mail de
récupération / téléphone :

Appareil / Site internet :

Adresse mail :

Mot de passe :

Question secrète / mail de
récupération / téléphone :

M

Appareil / Site internet :

Adresse mail :

Mot de passe :

Question secrète / mail de
récupération / téléphone :

Appareil / Site internet :

Adresse mail :

Mot de passe :

Question secrète / mail de
récupération / téléphone :

M

Appareil / Site internet :

Adresse mail :

Mot de passe :

Question secrète / mail de
récupération / téléphone :

Appareil / Site internet :

Adresse mail :

Mot de passe :

Question secrète / mail de
récupération / téléphone :

N

Appareil / Site internet :

Adresse mail :

Mot de passe :

Question secrète / mail de
récupération / téléphone :

Appareil / Site internet :

Adresse mail :

Mot de passe :

Question secrète / mail de
récupération / téléphone :

N

Appareil / Site internet :

Adresse mail :

Mot de passe :

Question secrète / mail de
récupération / téléphone :

Appareil / Site internet :

Adresse mail :

Mot de passe :

Question secrète / mail de
récupération / téléphone :

N

Appareil / Site internet :

Adresse mail :

Mot de passe :

Question secrète / mail de
récupération / téléphone :

Appareil / Site internet :

Adresse mail :

Mot de passe :

Question secrète / mail de
récupération / téléphone :

N

Appareil / Site internet :

Adresse mail :

Mot de passe :

Question secrète / mail de
récupération / téléphone :

Appareil / Site internet :

Adresse mail :

Mot de passe :

Question secrète / mail de
récupération / téléphone :

N

Appareil / Site internet :

Adresse mail :

Mot de passe :

Question secrète / mail de
récupération / téléphone :

Appareil / Site internet :

Adresse mail :

Mot de passe :

Question secrète / mail de
récupération / téléphone :

O

Appareil / Site internet :

Adresse mail :

Mot de passe :

Question secrète / mail de
récupération / téléphone :

Appareil / Site internet :

Adresse mail :

Mot de passe :

Question secrète / mail de
récupération / téléphone :

O

Appareil / Site internet :

Adresse mail :

Mot de passe :

Question secrète / mail de
récupération / téléphone :

Appareil / Site internet :

Adresse mail :

Mot de passe :

Question secrète / mail de
récupération / téléphone :

O

Appareil / Site internet :

Adresse mail :

Mot de passe :

Question secrète / mail de
récupération / téléphone :

Appareil / Site internet :

Adresse mail :

Mot de passe :

Question secrète / mail de
récupération / téléphone :

O

Appareil / Site internet :

Adresse mail :

Mot de passe :

Question secrète / mail de
récupération / téléphone :

Appareil / Site internet :

Adresse mail :

Mot de passe :

Question secrète / mail de
récupération / téléphone :

O

Appareil / Site internet :

Adresse mail :

Mot de passe :

Question secrète / mail de
récupération / téléphone :

Appareil / Site internet :

Adresse mail :

Mot de passe :

Question secrète / mail de
récupération / téléphone :

P

Appareil / Site internet :

Adresse mail :

Mot de passe :

Question secrète / mail de
récupération / téléphone :

Appareil / Site internet :

Adresse mail :

Mot de passe :

Question secrète / mail de
récupération / téléphone :

P

Appareil / Site internet :

Adresse mail :

Mot de passe :

Question secrète / mail de
récupération / téléphone :

Appareil / Site internet :

Adresse mail :

Mot de passe :

Question secrète / mail de
récupération / téléphone :

P

Appareil / Site internet :

....

Adresse mail :

....

Mot de passe :

....

Question secrète / mail de
récupération / téléphone :

....

Appareil / Site internet :

....

Adresse mail :

....

Mot de passe :

....

Question secrète / mail de
récupération / téléphone :

....

P

Appareil / Site internet :

Adresse mail :

Mot de passe :

Question secrète / mail de
récupération / téléphone :

Appareil / Site internet :

Adresse mail :

Mot de passe :

Question secrète / mail de
récupération / téléphone :

P

Appareil / Site internet :

Adresse mail :

Mot de passe :

Question secrète / mail de récupération / téléphone :

Appareil / Site internet :

Adresse mail :

Mot de passe :

Question secrète / mail de récupération / téléphone :

Q

Appareil / Site internet :

Adresse mail :

Mot de passe :

Question secrète / mail de
récupération / téléphone :

Appareil / Site internet :

Adresse mail :

Mot de passe :

Question secrète / mail de
récupération / téléphone :

Q

Appareil / Site internet :

Adresse mail :

Mot de passe :

Question secrète / mail de
récupération / téléphone :

Appareil / Site internet :

Adresse mail :

Mot de passe :

Question secrète / mail de
récupération / téléphone :

Q

Appareil / Site internet :

Adresse mail :

Mot de passe :

Question secrète / mail de
récupération / téléphone :

Appareil / Site internet :

Adresse mail :

Mot de passe :

Question secrète / mail de
récupération / téléphone :

Q

Appareil / Site internet :

Adresse mail :

Mot de passe :

Question secrète / mail de récupération / téléphone :

Appareil / Site internet :

Adresse mail :

Mot de passe :

Question secrète / mail de récupération / téléphone :

Q

Appareil / Site internet :

Adresse mail :

Mot de passe :

Question secrète / mail de
récupération / téléphone :

Appareil / Site internet :

Adresse mail :

Mot de passe :

Question secrète / mail de
récupération / téléphone :

R

Appareil / Site internet :

Adresse mail :

Mot de passe :

Question secrète / mail de
récupération / téléphone :

Appareil / Site internet :

Adresse mail :

Mot de passe :

Question secrète / mail de
récupération / téléphone :

R

Appareil / Site internet :

Adresse mail :

Mot de passe :

Question secrète / mail de
récupération / téléphone :

Appareil / Site internet :

Adresse mail :

Mot de passe :

Question secrète / mail de
récupération / téléphone :

R

Appareil / Site internet :

Adresse mail :

Mot de passe :

Question secrète / mail de
récupération / téléphone :

Appareil / Site internet :

Adresse mail :

Mot de passe :

Question secrète / mail de
récupération / téléphone :

R

Appareil / Site internet :

Adresse mail :

Mot de passe :

Question secrète / mail de
récupération / téléphone :

Appareil / Site internet :

Adresse mail :

Mot de passe :

Question secrète / mail de
récupération / téléphone :

R

Appareil / Site internet :

Adresse mail :

Mot de passe :

Question secrète / mail de
récupération / téléphone :

Appareil / Site internet :

Adresse mail :

Mot de passe :

Question secrète / mail de
récupération / téléphone :

S

Appareil / Site internet :

Adresse mail :

Mot de passe :

Question secrète / mail de
récupération / téléphone :

Appareil / Site internet :

Adresse mail :

Mot de passe :

Question secrète / mail de
récupération / téléphone :

S

Appareil / Site internet :

Adresse mail :

Mot de passe :

Question secrète / mail de
récupération / téléphone :

Appareil / Site internet :

Adresse mail :

Mot de passe :

Question secrète / mail de
récupération / téléphone :

S

Appareil / Site internet :

Adresse mail :

Mot de passe :

Question secrète / mail de
récupération / téléphone :

Appareil / Site internet :

Adresse mail :

Mot de passe :

Question secrète / mail de
récupération / téléphone :

S

Appareil / Site internet :

Adresse mail :

Mot de passe :

Question secrète / mail de
récupération / téléphone :

Appareil / Site internet :

Adresse mail :

Mot de passe :

Question secrète / mail de
récupération / téléphone :

S

Appareil / Site internet :

Adresse mail :

Mot de passe :

Question secrète / mail de
récupération / téléphone :

Appareil / Site internet :

Adresse mail :

Mot de passe :

Question secrète / mail de
récupération / téléphone :

T

Appareil / Site internet :

Adresse mail :

Mot de passe :

Question secrète / mail de
récupération / téléphone :

Appareil / Site internet :

Adresse mail :

Mot de passe :

Question secrète / mail de
récupération / téléphone :

T

Appareil / Site internet :

Adresse mail :

Mot de passe :

Question secrète / mail de
récupération / téléphone :

Appareil / Site internet :

Adresse mail :

Mot de passe :

Question secrète / mail de
récupération / téléphone :

T

Appareil / Site internet :

Adresse mail :

Mot de passe :

Question secrète / mail de
récupération / téléphone :

Appareil / Site internet :

Adresse mail :

Mot de passe :

Question secrète / mail de
récupération / téléphone :

T

Appareil / Site internet :

Adresse mail :

Mot de passe :

Question secrète / mail de
récupération / téléphone :

Appareil / Site internet :

Adresse mail :

Mot de passe :

Question secrète / mail de
récupération / téléphone :

T

Appareil / Site internet :

Adresse mail :

Mot de passe :

Question secrète / mail de
récupération / téléphone :

Appareil / Site internet :

Adresse mail :

Mot de passe :

Question secrète / mail de
récupération / téléphone :

U

Appareil / Site internet :

Adresse mail :

Mot de passe :

Question secrète / mail de
récupération / téléphone :

Appareil / Site internet :

Adresse mail :

Mot de passe :

Question secrète / mail de
récupération / téléphone :

U

Appareil / Site internet :

Adresse mail :

Mot de passe :

Question secrète / mail de
récupération / téléphone :

Appareil / Site internet :

Adresse mail :

Mot de passe :

Question secrète / mail de
récupération / téléphone :

U

Appareil / Site internet :

Adresse mail :

Mot de passe :

Question secrète / mail de
récupération / téléphone :

Appareil / Site internet :

Adresse mail :

Mot de passe :

Question secrète / mail de
récupération / téléphone :

U

Appareil / Site internet :

Adresse mail :

Mot de passe :

Question secrète / mail de
récupération / téléphone :

Appareil / Site internet :

Adresse mail :

Mot de passe :

Question secrète / mail de
récupération / téléphone :

U

Appareil / Site internet :

Adresse mail :

Mot de passe :

Question secrète / mail de
récupération / téléphone :

Appareil / Site internet :

Adresse mail :

Mot de passe :

Question secrète / mail de
récupération / téléphone :

V

Appareil / Site internet :

Adresse mail :

Mot de passe :

Question secrète / mail de
récupération / téléphone :

Appareil / Site internet :

Adresse mail :

Mot de passe :

Question secrète / mail de
récupération / téléphone :

V

Appareil / Site internet :

Adresse mail :

Mot de passe :

Question secrète / mail de
récupération / téléphone :

Appareil / Site internet :

Adresse mail :

Mot de passe :

Question secrète / mail de
récupération / téléphone :

V

Appareil / Site internet :

Adresse mail :

Mot de passe :

Question secrète / mail de
récupération / téléphone :

Appareil / Site internet :

Adresse mail :

Mot de passe :

Question secrète / mail de
récupération / téléphone :

V

Appareil / Site internet :

Adresse mail :

Mot de passe :

Question secrète / mail de
récupération / téléphone :

Appareil / Site internet :

Adresse mail :

Mot de passe :

Question secrète / mail de
récupération / téléphone :

V

Appareil / Site internet :

Adresse mail :

Mot de passe :

Question secrète / mail de
récupération / téléphone :

Appareil / Site internet :

Adresse mail :

Mot de passe :

Question secrète / mail de
récupération / téléphone :

W

Appareil / Site internet :

Adresse mail :

Mot de passe :

Question secrète / mail de
récupération / téléphone :

Appareil / Site internet :

Adresse mail :

Mot de passe :

Question secrète / mail de
récupération / téléphone :

W

Appareil / Site internet :

Adresse mail :

Mot de passe :

Question secrète / mail de
récupération / téléphone :

Appareil / Site internet :

Adresse mail :

Mot de passe :

Question secrète / mail de
récupération / téléphone :

W

Appareil / Site internet :

Adresse mail :

Mot de passe :

Question secrète / mail de
récupération / téléphone :

Appareil / Site internet :

Adresse mail :

Mot de passe :

Question secrète / mail de
récupération / téléphone :

W

Appareil / Site internet :

Adresse mail :

Mot de passe :

Question secrète / mail de
récupération / téléphone :

Appareil / Site internet :

Adresse mail :

Mot de passe :

Question secrète / mail de
récupération / téléphone :

W

Appareil / Site internet :

Adresse mail :

Mot de passe :

Question secrète / mail de
récupération / téléphone :

Appareil / Site internet :

Adresse mail :

Mot de passe :

Question secrète / mail de
récupération / téléphone :

X

Appareil / Site internet :

Adresse mail :

Mot de passe :

Question secrète / mail de
récupération / téléphone :

Appareil / Site internet :

Adresse mail :

Mot de passe :

Question secrète / mail de
récupération / téléphone :

X

Appareil / Site internet :

Adresse mail :

Mot de passe :

Question secrète / mail de
récupération / téléphone :

Appareil / Site internet :

Adresse mail :

Mot de passe :

Question secrète / mail de
récupération / téléphone :

X

Appareil / Site internet :

Adresse mail :

Mot de passe :

Question secrète / mail de
récupération / téléphone :

Appareil / Site internet :

Adresse mail :

Mot de passe :

Question secrète / mail de
récupération / téléphone :

X

Appareil / Site internet :

Adresse mail :

Mot de passe :

Question secrète / mail de
récupération / téléphone :

Appareil / Site internet :

Adresse mail :

Mot de passe :

Question secrète / mail de
récupération / téléphone :

X

Appareil / Site internet :

Adresse mail :

Mot de passe :

Question secrète / mail de
récupération / téléphone :

Appareil / Site internet :

Adresse mail :

Mot de passe :

Question secrète / mail de
récupération / téléphone :

Y

Appareil / Site internet :

Adresse mail :

Mot de passe :

Question secrète / mail de
récupération / téléphone :

Appareil / Site internet :

Adresse mail :

Mot de passe :

Question secrète / mail de
récupération / téléphone :

Y

Appareil / Site internet :

Adresse mail :

Mot de passe :

Question secrète / mail de récupération / téléphone :

Appareil / Site internet :

Adresse mail :

Mot de passe :

Question secrète / mail de récupération / téléphone :

Y

Appareil / Site internet :

Adresse mail :

Mot de passe :

Question secrète / mail de
récupération / téléphone :

Appareil / Site internet :

Adresse mail :

Mot de passe :

Question secrète / mail de
récupération / téléphone :

Y

Appareil / Site internet :

Adresse mail :

Mot de passe :

Question secrète / mail de
récupération / téléphone :

Appareil / Site internet :

Adresse mail :

Mot de passe :

Question secrète / mail de
récupération / téléphone :

Y

Appareil / Site internet :

Adresse mail :

Mot de passe :

Question secrète / mail de
récupération / téléphone :

Appareil / Site internet :

Adresse mail :

Mot de passe :

Question secrète / mail de
récupération / téléphone :

Z

Appareil / Site internet :

Adresse mail :

Mot de passe :

Question secrète / mail de
récupération / téléphone :

Appareil / Site internet :

Adresse mail :

Mot de passe :

Question secrète / mail de
récupération / téléphone :

Z

Appareil / Site internet :

Adresse mail :

Mot de passe :

Question secrète / mail de
récupération / téléphone :

Appareil / Site internet :

Adresse mail :

Mot de passe :

Question secrète / mail de
récupération / téléphone :

Z

Appareil / Site internet :

Adresse mail :

Mot de passe :

Question secrète / mail de récupération / téléphone :

Appareil / Site internet :

Adresse mail :

Mot de passe :

Question secrète / mail de récupération / téléphone :

Z

Appareil / Site internet :

Adresse mail :

Mot de passe :

Question secrète / mail de
récupération / téléphone :

Appareil / Site internet :

Adresse mail :

Mot de passe :

Question secrète / mail de
récupération / téléphone :

Z

Appareil / Site internet :

Adresse mail :

Mot de passe :

Question secrète / mail de récupération / téléphone :

Appareil / Site internet :

Adresse mail :

Mot de passe :

Question secrète / mail de récupération / téléphone :

Notes

Notes

Notes

Notes

Notes

Notes

Notes

Notes

Notes

Notes

www.ingramcontent.com/pod-product-compliance
Lightning Source LLC
Chambersburg PA
CBHW031241050326
40690CB00007B/908